Thanks!

This gratitude journal will help you establish a joyful daily practice in which you remind yourself of the gifts, grace, benefits, and good things you enjoy. Setting aside time each day to remember moments of gratitude associated with ordinary events, your personal attributes, or valuable people in your life gives you the potential to weave a sustainable living theme of gratitude. It's time to color and flex your gratitude muscles, creatively seek out new situations and circumstances in which to feel grateful. There is always a reason to be grateful.

What are you thankful for today?

Grazie

Thanks

Gamsahabnida

Obrigada

Arigato

Gracias

Danke sehr

Salamat

Merci

Xièxiè

Mahalo

THIS BOOK BELONGS TO:

Gracias

Este diario de gratitud te ayudará a establecer una alegre práctica diaria en la que te recuerdes los dones, la gracia, los beneficios y las cosas buenas que disfrutas. Reservar tiempo todos los días para recordar momentos de gratitud asociados con eventos ordinarios, tus habilidades personales o personas valiosas en tu vida te da el potencial de crear un sistema de vida sostenible de gratitud. Es hora de colorear y ejercitar tus músculos de gratitud, buscar creativamente nuevas situaciones y circunstancias en las que sentirte agradecido. Siempre hay una razón por la cual estar agradecido.

¿De qué estás agradecido hoy?

ESTE LIBRO PERTENECE A:

HOME - EL HOGAR

What am I thankful for today?
¿De qué estoy agradecido(a) hoy?

_____

_____

FAMILY - LA FAMILIA

What am I thankful for today?
¿De qué estoy agradecido(a) hoy?

_____

_____

LOVE – EL AMOR

What am I thankful for today?
¿De qué estoy agradecido(a) hoy?

_____

_____

LEARNING – APRENDIZAJE

What am I thankful for today?
¿De qué estoy agradecido(a) hoy?

BOOKS - LOS LIBROS

What am I thankful for today?
¿De qué estoy agradecido(a) hoy?

_____

_____

FOOD - LA COMIDA

What am I thankful for today?
¿De qué estoy agradecido(a) hoy?

_____

_____

BEAUTY - LA BELLEZA

What am I thankful for today?
¿De qué estoy agradecido(a) hoy?

_____

_____

ANIMALS - LOS ANIMALES

What am I thankful for today?
¿De qué estoy agradecido(a) hoy?

RAINBOW - EL ARCOÍRIS

What am I thankful for today?
¿De qué estoy agradecido(a) hoy?

CLOUDS - LAS NUBES

What am I thankful for today?
¿De qué estoy agradecido(a) hoy?

TREES - LOS ÁRBOLES

What am I thankful for today?
¿De qué estoy agradecido(a) hoy?

_____

_____

SUNSETS - LAS PUESTAS DE SOL

What am I thankful for today?
¿De qué estoy agradecido(a) hoy?

_____

_____

THE WEEKENDS - LOS FINES DE SEMANA

What am I thankful for today?
¿De qué estoy agradecido(a) hoy?

GIFTS - LOS REGALOS

What am I thankful for today?
¿De qué estoy agradecido(a) hoy?

_____

_____

LAUGHING – LA RISA

What am I thankful for today?
¿De qué estoy agradecido(a) hoy?

_____

_____

ARMS & LEGS – BRAZOS & PIERNAS

What am I thankful for today?
¿De qué estoy agradecido(a) hoy?

RELAXING – RELAJARSE

What am I thankful for today?
¿De qué estoy agradecido(a) hoy?

_____

_____

ART - EL ARTE

What am I thankful for today?
¿De qué estoy agradecido(a) hoy?

WATER - EL AGUA

What am I thankful for today?
¿De qué estoy agradecido(a) hoy?

_____

_____

DANCING - BAILAR

What am I thankful for today?
¿De qué estoy agradecido(a) hoy?

MUSIC – LA MÚSICA

What am I thankful for today?
¿De qué estoy agradecido(a) hoy?

MOUNTAINS - LAS MONTAÑAS

What am I thankful for today?
¿De qué estoy agradecido(a) hoy?

WAKING UP - DESPERTARSE

What am I thankful for today?
¿De qué estoy agradecido(a) hoy?

FRESH AIR – EL AIRE FRESCO

What am I thankful for today?
¿De qué estoy agradecido(a) hoy?

SWEATER - LA CHOMPA

What am I thankful for today?
¿De qué estoy agradecido(a) hoy?

_____

_____

FRIENDS – LOS AMIGOS

What am I thankful for today?
¿De qué estoy agradecido(a) hoy?

ELECTRICITY - LA ELECTRICIDAD

What am I thankful for today?
¿De qué estoy agradecido(a) hoy?

FRUIT - LA FRUTA

What am I thankful for today?
¿De qué estoy agradecido(a) hoy?

_____

_____

HEARING – LA AUDICIÓN

What am I thankful for today?
¿De qué estoy agradecido(a) hoy?

_____

_____

OCEAN – EL OCEANO

What am I thankful for today?
¿De qué estoy agradecido(a) hoy?

_____

_____

FLOWERS - LAS FLORES

What am I thankful for today?
¿De qué estoy agradecido(a) hoy?

EYESIGHT - LA VISTA

What am I thankful for today?
¿De qué estoy agradecido(a) hoy?

_____

_____

STARS - LAS ESTRELLAS

What am I thankful for today?
¿De qué estoy agradecido(a) hoy?

MOON - LA LUNA

What am I thankful for today?
¿De qué estoy agradecido(a) hoy?

PENCIL & PAPER - LAPIZ & PAPEL

What am I thankful for today?
¿De qué estoy agradecido(a) hoy?

_____

_____

SUN – EL SOL

What am I thankful for today?
¿De qué estoy agradecido(a) hoy?

CHRISTMAS – LA NAVIDAD

What am I thankful for today?
¿De qué estoy agradecido(a) hoy?

_____

_____

SNOW - LA NIEVE

What am I thankful for today?
¿De qué estoy agradecido(a) hoy?

_____

_____

TICKLES - LAS COSQUILLAS

What am I thankful for today?
¿De qué estoy agradecido(a) hoy?

_____

_____

HUGS - LOS ABRAZOS

What am I thankful for today?
¿De qué estoy agradecido(a) hoy?

KISSES – LOS BESOS

What am I thankful for today?
¿De qué estoy agradecido(a) hoy?

RAIN - LA LLUVIA

What am I thankful for today?
¿De qué estoy agradecido(a) hoy?

SPRING – LA PRIMAVERA

What am I thankful for today?
¿De qué estoy agradecido(a) hoy?

_____

_____

SUMMER – EL VERANO

What am I thankful for today?
¿De qué estoy agradecido(a) hoy?

_____

_____

WINTER- EL INVIERNO

What am I thankful for today?
¿De qué estoy agradecido(a) hoy?

_____

_____

AUTUMN - EL OTOÑO

What am I thankful for today?
¿De qué estoy agradecido(a) hoy?

TOYS- LOS JUGUETES

What am I thankful for today?
¿De qué estoy agradecido(a) hoy?

HEALTH- LA SALUD

What am I thankful for today?
¿De qué estoy agradecida hoy?

LAKES - LOS LAGOS

What am I thankful for today?
¿De qué estoy agradecido(a) hoy?

_____

_____

SLEEPING IN A BED – DORMIR EN UNA CAMA

What am I thankful for today?
¿De qué estoy agradecido(a) hoy?

_____

_____

Thank you very much for your order

GRATITUDE, LOVE, AND BLESSINGS TO YOU AND YOUR FAMILY

Muchas gracias por tu compra

GRATITUD, AMOR, Y BENDICIONES PARA TI Y TU FAMILIA

Do you want to get free children's e-books?
Scan the QR code and join the community: